阿德勒的
生活法则
开启“无压”人生

[日]岩井俊宪 ——著　孙　律——译

浙江人民出版社

前言

你好，我是Human Guild公司的负责人岩井俊宪。Human Guild立足阿德勒心理学，积极提供企业培训、讲座、心理咨询等业务。

我与阿德勒心理学结缘继而创办Human Guild，至今已有约30年。几十年前，创立阿德勒心理学的阿尔弗雷德·阿德勒（Alfred Adler）虽然已名列“心理学三巨头”之一，但是对比其中声名显赫的另两位，即西格蒙德·弗洛伊德（Sigmund Freud）和卡尔·古斯塔夫·荣格（Carl Gustav Jung），阿德勒并不太有名，要解释他的理论也颇为费劲。可喜的是，时至今日，阿德勒已逐渐为大众所熟知和认可。

分析本书的读者群，对阿德勒心理学颇有兴趣的朋友自不必说，积疲已久、无精打采的读者想必也为数不少吧？

“和同事闹僵”“工作一塌糊涂”“与上司合不来”“下属不好带”“职场关系太复杂”“不想去公司”“什么都做不好”……

人生总有这么一个阶段，感觉身心俱疲，做什么都提不起劲，这是为什么呢？

以我自己为例。35岁时，我在一家外资企业担任行政科长。由于业绩不佳，公司决定裁员，具体由我落实。每日苦口婆心地劝说他人离开公司，此中的压力可想而知。

因为实在不堪重负，所以在工作告一段落之后，我下定决心，主动请辞，离开了公司。恰在此时，出于诸多原因，妻子提出离婚，住房也归于她的名下。接连失去工作、家人和住所，我的心情顿时跌入谷底：“太累了……什么都无所谓……”

恰在此时，与阿德勒心理学的邂逅令我重生希望。

阿德勒心理学的一大特征在于它始终强调，**无论遭遇怎样的情况，不管能力多么不足，人生并不会就此定性，**

未来仍“由自己决定”。(详见“自我决定性”章节)

由此，我如梦方醒，重新振作：“虽然失去工作、家人和住所，但是今后的路还得自己选。是要自怨自艾、蹉跎一生，还是以此为鉴、活出更好的人生?”

如今回首往事，更是感慨万千。正是因为结识阿德勒心理学、知耻而后勇，我就此明确职业方向，积极为身心疲惫的人们提供帮助。

翻开本书的你或许自感已到山穷水尽之时，或者一筹莫展、萎靡不振。然而，是继续哀叹一事无成、畏葸不前，还是奋起直追，这全在你自己的一念之间。

阿德勒心理学的另一则理论也令我深受震撼，即人们的行为不是基于原因，而是目的（详见“目的论”章节)。

因为失败而垂头丧气时，人们倾向于反思原因：“为什么会这样?”

但是，挖掘原因并不能找出正确答案，也不能让时光倒流。因此，所谓反思只能演变为自责。

既然如此，不妨转变思路：“事已至此，怎么做可以使人生变得更有意义?”

不拘泥于过去，不归咎于他人，着眼未来，思考自己能做些什么。这正是阿德勒心理学的精髓。

阿德勒心理学并非闭门造车的产物。当时，饱受第一次世界大战创伤的奥地利首都维也纳满目疮痍，阿德勒坚持深入市井，与形形色色的人们保持来往与沟通，常与人促膝而谈到忘了时间。在此过程中，他不断打磨自己的理论，历经一番积累后才有了极具实践性的阿德勒心理学。

换言之，阿德勒心理学是临床试验的成果，因此切实可行。

此外，弗洛伊德和荣格的理论多用于治疗心理疾病，而阿德勒心理学面向大众：“心理健康之人出于某些因素出现行为失当或者不能适应环境之时，要循循善诱地引导他们积极进取、造福社会。”

面对工作和人际交往中的挫折，不少人深感疲惫。立足阿德勒心理学、探讨让这类群体容易掌握的简单可行的技巧，这正是我写这本书的初衷。

本书首先用五个章节阐述阿德勒心理学的基本理论，然后介绍如何将该理论与日常工作和生活相结合，养成良好“习惯”。如果疲倦的你不想再看长篇大论，直接跳到实践部分、从“习惯1”开始阅读也无妨。

我学习和传播阿德勒心理学已有约30年，参加的演讲、培训、Human Guild公开课、心理咨询等不胜枚举。

受众以商务人士居多，总计已达15万人。从中，我深切地体会到，**学习阿德勒心理学不能只停留在理论层面，付诸实践才能发挥它的真正价值**。

而且，我建议读者从一两件小事着手，从养成良好的思维习惯起步。

如今的日本正面临前所未有的困难局面。市场瞬息万变，竞争格外残酷，极易令人身心俱疲，而日趋复杂的人际关系同样不能让我们安心。

每个人的生活中还有各类引人不安的因素。例如，薪水迟迟不涨、前途扑朔迷离、面临多重压力、不受重视……面对这种种困难，阿德勒心理学的重要性日益凸显。提笔之时，我脑中所想都是人们精疲力竭、不堪重负的模样。本书若能助你一臂之力，我将感到不胜荣幸。

岩井俊宪

2014年7月

目录

阿德勒心理学基础

习惯1　接受“真实的自己”

习惯2　了解自己

习惯3　把失败和缺点转化为财富

习惯4 善于面对负面情绪

习惯5 思考要具有“建设性”

习惯6 从大局着眼

习惯7　保持共情

习惯8　鼓起勇气

阿德勒心理学基础

阿德勒心理学适用于上班族

阿德勒心理学是阿尔弗雷德·阿德勒（1870—1937）所提倡的学说。我之所以向上班族推荐阿德勒心理学，原因有三：合乎共识、简单易懂、切实可行。

第一，关于合乎共识，我在前言中略有提及。众所周知，“阿德勒心理学面向心智健全但一时萎靡不振的人群”。

知名心理医生弗洛伊德、荣格与阿德勒活跃于同一时期。因为弗洛伊德和荣格的理论面向的是精神疾病患者，所以在医学界备受推崇。相比之下，阿德勒心理学的实践不必借助专业人士的指导，运用时的风险也较小。

第二，阿德勒心理学理论没有深奥的专业术语，所以简单易懂。

对于心智健全之人来说，即便没有大学学历，或者不是专业医生，也丝毫不妨碍理解阿德勒心理学。

在疲惫或者犯难的时候，人们往往头脑一片空白，而阿德勒心理学正具有拨云见日、令人醍醐灌顶的奇效。

第三，关于切实可行，阿德勒心理学把人生三类大事命名为人生课题。

① 工作任务（Work Task）

② 交友任务（Friendship Task）

③ 爱的任务（Love Task）

这些人生课题并非“自身的心理问题”，而是来自外界，并且无可回避。

工作任务不仅涵盖企业员工和个体工商业者的“工作”，还包括家庭主妇的家务和育儿任务、学生的学习任务等。社团活动、志愿者服务等也归于此类。

交友任务是指与他人的沟通交流。朋友之间自不必多说，职场中与上司、下属、同事频繁商议、密切合作也属于此类。

爱的任务也被称为家庭任务（Family Task），涉及夫妻、子女等家庭关系，也适用于恋爱中的男女。

三者之中，工作任务最易处理，其次是交友任务。爱的任务注重精神层面的相通，因此最难。

换言之，在简单易懂的阿德勒心理学之中，工作任务也是最容易解决的。而属于交友任务范畴的职场人际关系，也要比爱的任务更易于应对。

综上所述，我认为阿德勒心理学十分适用于上班族，在此郑重向读者朋友推荐。

行为由自身决定

——阿德勒心理学基础①：“自我决定性”

在展开详细说明之前，首先需要介绍阿德勒心理学的5项基础理论，以便理解和掌握之后的8个习惯。

首先是“自我决定性”，**即“人的行为由自身决定”**。

我认识的一位女士曾经不堪工作重负，对职场的钩心斗角也心生厌倦，于是消沉度日：“真是没劲，为什么我会这么倒霉……”郁郁寡欢之下，健康大不如前，她不得不时常请假休息。

就在那时，她无意间从书上看到一则故事，得知另一位女士虽然境遇相仿，生活却精彩许多。

“咦？明明遭遇相似，为什么她神采奕奕，而我却这么无精打采？”

她带着这样的疑问继续阅读该书，发现原来那名女士接受了阿德勒心理学的理念：“无论先天条件如何不足，无论遭遇怎样的情况，人生并不会就此定论。”

换言之，即便经历相同，也并不意味着今后的人生就会一样。

当然，面对外部影响，是“郁郁寡欢、频频患病”，还是“逆流而上、精神抖擞”，这完全是“自身的选择”。

“哪怕低人一等、深感自卑，或者缺乏优越的成长环境，这些都不是人生的决定性因素。是采取具有‘建设性’（创造性）的行动，还是背道而驰，这完全是自身的决定。”

这个理念在阿德勒心理学中被称为“自我决定性”。

A和B都自幼体弱多病，A认为“因此更要救助与我相似的人”，继而成为一名医生。然而，B却故步自封：“先天不足的我必将一事无成。”

再以一对从小不受父母待见的兄弟为例。兄长获罪被捕，愤愤不平地控诉：“事到如今，全怪父母当年没有好好引导！”与之相反，弟弟家庭美满，并且积极投身救助儿童的慈善活动，因为他想的是：“不要让他们的童年和我一样凄惨。”

哪一方拥有具备“建设性”的人生？

无论先天条件如何不足，不管遭遇怎样的困境，是积极进取，还是破罐破摔，这完全由自身决定。

阿德勒心理学基础①
“自我决定性”

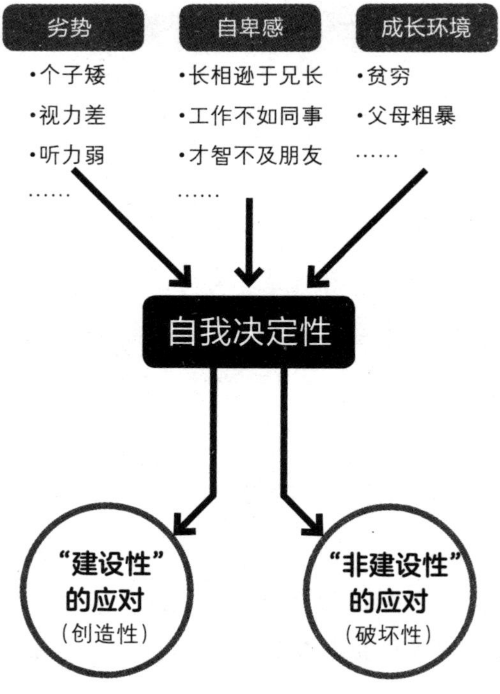

行为都有“目的”

——阿德勒心理学基础②：“目的论”

阿德勒心理学基础之二是“目的论”，**即“人的行为不是基于原因，而是目的”**。

以某位新入职的员工为例，由于工作失误遭到上司批评，他心生愤懑，继而与上司频频针锋相对。

显而易见，该员工之所以这么做，“原因”在于“上司过于挑剔”。

然而，阿德勒心理学对此具有独到的见解，即新员工的反抗是出于某种“目的”。

具体来说，他的“目的”在于“改变环境，可以按照自己的方式开展工作”，再进一步的“目的”在于“如果职场环境不如预期，那就不予配合”。

因此，“反抗”并不是出于“上司挑剔”的“原因”，而是为了达成“不予配合”这个“目的”的“手段”。

正因为“上司挑剔”，所以需要“不予配合”来实现目的，这便是阿德勒心理学对此的观点。

所谓星期一综合征也是如此。随着周日的夜越来越深，对公司多有怨言的员工越发忧虑不安。工作的压力和疲劳并非焦虑的“原因”，心绪不佳其实是“不想上班”的“目的”所致。

同理，不擅长运动的儿童在运动会时更容易出现发烧、腹痛等情况。

综上所述，身体不适并不是出于某种“原因”，而是为了达成“不愿去公司或学校”的“目的”。

这就是阿德勒心理学的“目的论”，人的行为不是基于过往的“原因”，而是未来的“目的”。

虽然大多数人对此浑然不觉，但人确实具有“希望事物朝着某个方向演变”的倾向性和目的性，而且往往为了消除现状（－）和目的（＋）的差距、向着目的靠近而展开行动。

与“目的论”相对的是“原因论”。作为阿德勒所处时代的一种主流观点，“原因论”认为“人的一切行为皆有原因”。

自然科学的世界里，有因必有果，如“pH试纸变蓝说明液体呈酸性”“水在0摄氏度以下会结冰”等。因此，“情感和行为基于某种原因”的思路乍看似乎并无不妥。

然而，人心终究与自然科学有别，不能通过公式推导。在阿德勒看来，面对挑剔的上司和残酷的环境，未必人人都会不予配合。

阿德勒心理学基础②
“目的论”

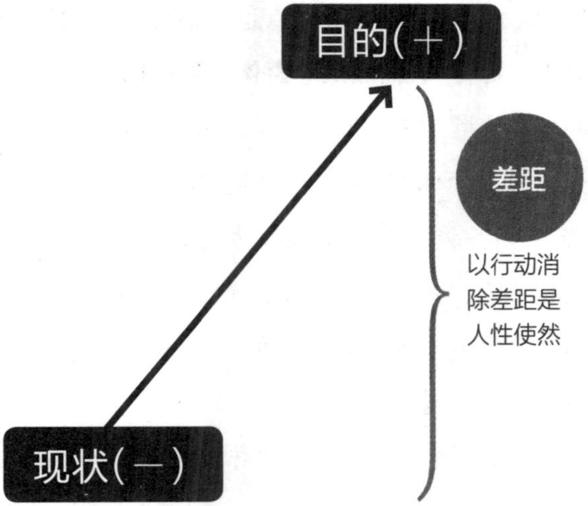

把对人心的解读从自然科学的束缚中解脱出来，实现从“原因论”到“目的论”的飞跃，阿德勒在这方面是当之无愧的先行者。

对人的分析应从“整体”而不是“部分”出发
——阿德勒心理学基础③：“整体论”

阿德勒心理学基础的第三点是“整体论”，**即“人不能被拆分为‘部分’，而应从‘整体’加以把握”**。

在阿德勒心理学中，整体论具体可从两方面解读。

首先，针对个体的观察角度和思维方式，用阿德勒的话来说就是“各类矛盾因素充斥人体，如有意识和无意识、理性和感性、精神和身体等，无法明确区分”。

与前文介绍的“目的论”相似，该理论在问世之初便与当时盛行的“要素论”截然相反。“要素论”是基于此前对自然科学的研究衍生出的心理学理论。

在阿德勒之前，人们普遍把有意识和无意识、理性和感性、精神和身体等要素区分开来加以研究。

阿德勒对此予以批判：第一，有意识和无意识、理性和感性、精神和身体等“部分”无法明确区分；第二，人也不是这些“部分”的简单汇总。

他进一步指出：人是完整的个体，不可拆分成部分来分别展开研究。

例如，病人因为不堪压力而感到胃痛。虽然病症反映在身体上，但是仅凭服药就能解决问题吗？其实，承受压力的“精神”同样需要引起重视。

身体的疾病只从身体的角度分析，精神的问题只从心理层面考虑，对人的把握可不是这么简单。

“其实酗酒伤身的道理我心里很明白，无奈应酬太多，不知不觉就喝多了……”一位从事销售工作的员工一直因为这样“明知不可为而为之”深感烦恼。

这番抱怨显然是把“头脑明白（理性）”和“不知不觉喝多（感性）”区分开来，把“头”和“心”视为毫无关联的两个部分。

按照阿德勒心理学的理论，不必将理性和感性分割开来进行剖析，其实只是“不愿戒酒”而已。

换句话说，“明知不可为而为之”的实质原因就是“不愿放弃”。

按照“目的论”的解释不难理解，该员工既然选择从事销售工作，自然深知“工作离不开喝酒”。基于这个“目的”，“喝酒”的行为也在情理之中。

无论从理性还是感性来说，戒酒并非不能，而是不愿。

不必从理性和感性、精神和身体等角度拆分、割裂地观察和分析人群，这正是阿德勒的理念。

其次，整体论重视群体中的个体差异。

以一个由10人组建的团队为例，如果突然加入一名新成员，团队的气氛多少会变得微妙起来。人员突然减少也不例外，而假如挑剔的上司今天没来公司，部门则会显得其乐融融。

倘若把职场中人的个性完全抹杀，所谓团队氛围也就不复存在。脱离鲜活的个体，何来团结的集体？

“人不能按照要素拆分，集体不能抹杀个性。”

“脱离鲜活的个体，集体也就无从谈起。”

以上便是整体论的精髓。

阿德勒心理学基础③

“整体论”

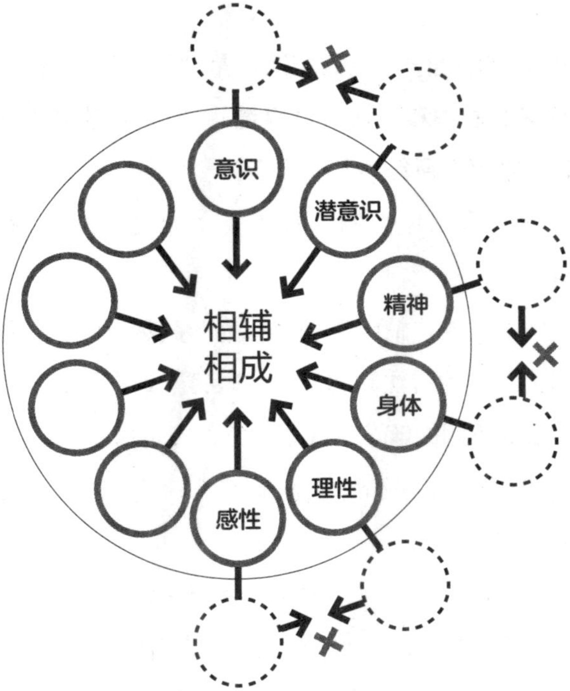

◎人不能按照要素进行拆分

◎脱离鲜活的个体，集体也就无从谈起

人们透过不同的“眼镜”感知现实
——阿德勒心理学基础④：“认知论”

阿德勒心理学基础的第四点是“认知论”，**即“借助个人特有的看法和想法（‘眼镜’），人们感知现实，分析解读，继而有所行动”**。

以被同事训斥为例，有些人“勃然大怒”，有些人“垂头丧气”。

这两类人的“情绪”和“行为”截然不同，归根结底还是因为各自的看法和想法（“眼镜”）有别，导致对同一件事形成不同的解读，或是生气，或是伤心。

“以自身的看法和想法解读现状，各人的感受和行动也是大不相同。”

再举一例，当一对情侣在动物园看到大象时，男士惊呼“鼻子真长”，女士则感叹“尾巴真可爱”。尽管看到的是同一头大象，两人的看法和想法却明显有别。

以自身独特的“眼镜”审视周边的事物，这正是人的特质。

即使面对同一现状、遭遇，每个人的解读和反应也会各不相同，这便是认知论。

不过，虽然主张“各人的认知存在差别”，阿德勒心理学并不否认“认知不应背离常识”，而且强调应当纠正“过度解读”的做法。

“拒绝邀请就会遭人嫉恨”“资料出错代表不能胜任工作”……一旦陷入“过度解读”，人们或是焦躁不安，或是意志消沉，与他人的关系也大受影响。这样的例子实在不胜枚举。

而且，认知论与心情联系紧密，详见后文“习惯 4”的章节。

总之，按照认知论的观点，“人透过自身独特的‘眼镜’分析和解读现状、遭遇以及经历，继而产生情绪，展开行动”。

阿德勒心理学基础④

“认知论”

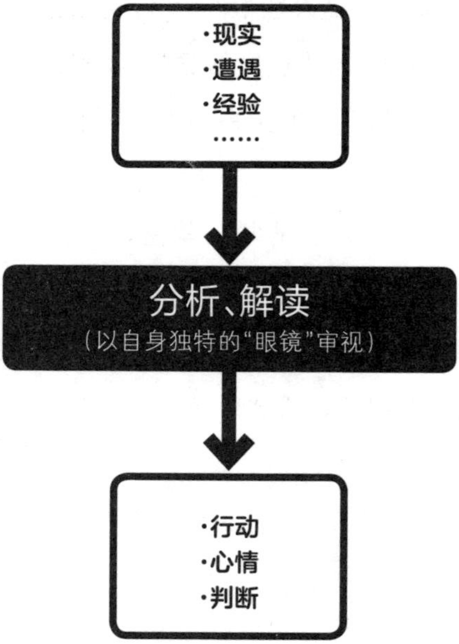

行为一定存在对象
——阿德勒心理学基础⑤："人际关系论"

阿德勒心理学基础的第五点也是最后一点是"人际关系论"，**即"人的行为总是针对特定的某人（或是他人，或是自己）"**。

换言之，"人的行为一定存在对象"。

以某位大发雷霆的上司为例，因为鸡毛蒜皮的小事，他一大早就训斥下属。社长恰巧从他身后经过，拍了拍他的肩膀。那名上司转过身来正欲发作，一看是社长，态度立马发生180度的转变。

"啊……社长，早上好。请问有什么事吗？"这位上司言语谦恭，与先前判若两人。这样的故事想必各位已是见怪不怪。

面对下属"怒不可遏"，面对社长"诚惶诚恐"，显然是眼前的对象影响了这位上司的表现。

面对不同的对象，人的行为和情绪确实会有所区别。

阿德勒心理学认为，人的行为和情绪基于对象和目的。

“目的”的部分参考前文“目的论”的说明。比如，发怒的目的在于“控制对方”和“得到理解”。基于对象的不同，目的也会发生改变。

对“下属”发怒多半是为了“掌控对方”，对“妻子”生气主要是为了“博得理解”。

无论是“生气”的情绪，还是“发怒”的行为，其实都是针对“下属”或“妻子”这个特定对象展开的。

发怒也看对象，相信没有人会不分对象地发怒。

人的行为基于目的和对象，这便是阿德勒心理学人际关系论的精髓。

阿德勒心理学基础⑤

“人际关系论”

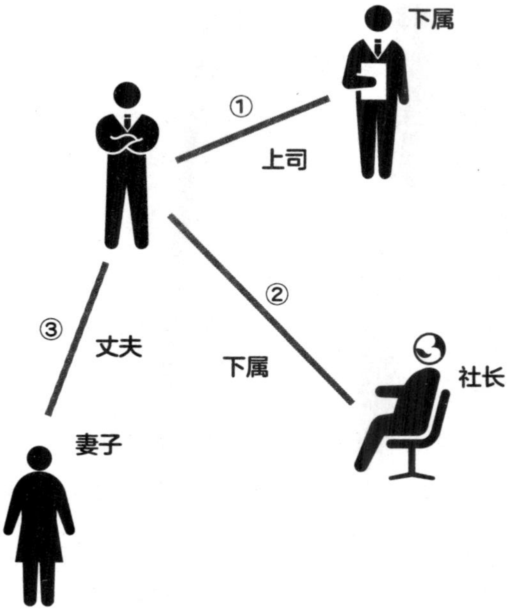

◎基于①②③的关系，行为和情绪有所区别

◎人的行为和情绪基于对象展开

只要改变习惯，就能改变身心俱疲的现状

请读者朋友回想一下自己有哪些习惯。

不安的时候抓头发、感到疑惑时低下头、说话时不看着对方、该说“谢谢”的时候总说“对不起”……也许在此之前你都没发现自己有那么多下意识的行为吧。

“不知不觉就会这么做”，这正是习惯的特质，具体表现为三个方面。

① 无意识的行为

② 形成模式

③ 行之有效

这些习惯微不足道，平时并未留意也不足为奇。但是，根据阿德勒心理学的理论，它们对于性格的养成具有极大的影响。

用阿德勒的话来说，“习惯的积累逐渐影响思考和心情，性格由此养成”。

以说话时不看着对方、该说“谢谢”的时候总说“对不起”为例，久而久之，人的思想和心情也会发生变化，容易形成冷漠、胆小、消极的性格。

在人们的印象中，人的性格一旦养成后就会被固定下来，很难再改变，但阿德勒心理学将性格视为“生活方式（Life Style）”。换言之，依据阿德勒心理学的理论，“性格（生活方式）”是“可变”的。

伴随习惯（行动的积累）的转变，思想和心情会有所变化，性格自然可变。

不过，性格一旦养成，容易趋于常态，有时确实难以改变。归根结底，性格的养成在很大程度上源自行动的积累，而在判断采取何种行为时，人们往往基于“这么做更容易”的想法和经验，日积月累之后便形成了某些惯性。

以踏踏实实做事的人为例。基于以往的经验，他们坚信“付出就有回报”，而实践的结果也验证了这一判断，久而久之他们便养成了这样的性格。

八面玲珑、能说会道的人也是如此，过往的成功经验使得他们对自身的处世之道深信不疑。

然而，面对人生的重大转折，既有的性格有时也会造成不便，甚至成为束缚。

对踏踏实实做事的人来说，在走出校园、步入社会之后，由于环境发生翻天覆地的变化，坚持以往的信念未必能畅行无阻，或许“能说会道”才更容易立足。

举例来说，曾经淳朴的青年从农村来到都市，在经历各种欺骗和冷眼之后，也许会变得随波逐流、精于算计。

因此，如果自身性格与当前环境存在矛盾，那么逐渐改变性格未尝不是一种出路。

进一步而言，性格受行为的影响极大，性格转变的背后其实就是习惯的改变。

假如你正为工作或人际关系而感到身心俱疲，改变习惯可能是一种至关重要的方法。

在养成新习惯的过程中，或许需要经历不少磨难和挫折。但是，还请鼓起勇气。接下来我将具体讲解8个习惯，哪怕经过努力后只能做到一条，也是可喜的进步。

改变内心便能改变行为。行为的变化可以带来习惯的变化。习惯有所转变，性格自然不同，人生也会因此而转变。

改变的无论是行为、习惯、性格，还是人生，归根结底都是内心使然。因此，让我们从心出发。

能否真正改变身心俱疲的现状，终究取决于自己。

习惯1　接受“真实的自己”

阿德勒语录

世间确实存在罪恶、困难和偏见。然而，现状便是如此，人生也是利弊共存。

《自卑与超越》

“假如工作可以处理得更好……”

“如果能更有人缘……”

“那个人命真好，为什么我就这么倒霉……”

感到身心疲惫的时候，人们会不自觉地和他人进行比较，有时甚至憧憬成为对方：“如果我也能这样的话，或许人生就会完全不同吧。”

但是，生命只有一回。人生之路都在自己的脚下，命运只能掌握在自己的手中。因此，对自己的优缺点需要如实接受。

阿德勒心理学对这种如实接受自身优缺点的心态格外重视，本章介绍的各种习惯便旨在帮助你“接受真实的自己”。

即便现状再糟，也要肯定自己

“实在是精疲力竭了……”在工作中，诸如此类的抱怨想必并不少见：

· 胡乱指挥、完全不理解下属的上司

· 自由散漫、不服从指挥的下属

· 口无遮拦、频频刁难的客户

· 堆积如山、似乎永远都做不完的工作

· 笨手笨脚、屡犯同样错误的自己

· 忙忙碌碌、不知道有什么意义

……

生活如此艰辛，有人无精打采，有人暗自神伤。在此，我不禁要问：“无论是身心俱疲、不知如何是好，还是遭遇挫折，你能做到依然肯定当前的自己吗?”

“工作不顺”“遭到否定”“与他人闹僵”……当精疲力竭的你翻开本书、看到这个问题，相信很可能会回答：“我做不到!”

事实上，我在讲座和培训中也常常这么问。不出所料，回答“能做到”的人少之又少。

人无完人，弱点和缺点在所难免。例如，不能合理安排时间、做事拖泥带水、易怒、容易慌张、挑剔他人……

面对自身的缺点和无奈，自然难以开口回答“能做到”，遭遇挫折或者感到疲倦的时候就更是如此。

然而，**即使现状再糟糕，我们也要全盘接受自己，包括自身的不完美**。这便是阿德勒心理学强调的“自我包容”。

我们不能掌控人生的起点，也无法选择自身的体质、父母、成长环境等。至于想要成为自己之外的某个人，这更是不可能的事。

无论好坏优劣，我们每个人都是世间独一无二的存在，因此需要接受、肯定自己。

阿德勒心理学基础①“自我决定性”正是基于这点。既然是“自我包容”，当然不能因为某些缺点（弱点）而自我否定，或者只看到优点、孤芳自赏，而是要全盘接受“真实的自己”，包括自身的缺点（弱点）。

“个子矮”“脑子笨”“动作慢”“容易慌张”“易怒”“不善交际”……即便缺点很多，我们也要坦然接受。

“自我包容”是阿德勒心理学的基础之一。即便现状再糟，也要学会肯定自己。倘若现实让你身心疲惫，不妨试着从这点着手改变。

接受“过去的自己”

“那时候为什么没有采取行动呢？如果时光可以倒流就好了……”“那一年的经历堪称灾难，真想抹除这段记忆……”这样的抱怨是否似曾相识？

曾几何时，我是多么希望能“用橡皮擦擦去高中时代的记忆”。

高中时，我所在的班级属于尖子班，同班同学都志在考入重点大学。但是，那时的我热衷于田径运动，对成绩毫不在意，甚至抱有破罐子破摔的心态。

“最近你的学习成绩直线下降，归根结底还是田径的影响。别再顾着玩了，专心于学业吧！”因为班主任的这番话，我不得不在高二时放弃一度痴迷的田径运动。

那时的我连阿德勒都没听说过，更不知道阿德勒心理学基础①“自我决定性”。因此，我全然意识不到这其实是自身的选择，反而认为是受人胁迫，因此归咎于他人(老师)。

而且，此后的高中生涯也是黯淡无光。起初我只是对“强迫自己放弃田径运动”的老师耿耿于怀，后来由于成绩不见好转又迁怒于田径本身，认为“沉迷田径运动导致荒废了一年，所以学业跟不上”。

之后踏上社会，往事依然不堪回首，因此我才会希望“用橡皮擦擦去高中时代的记忆”。

然而，阿德勒在《自卑与超越》中说过：“所有的经历本身并不决定成败，我们无须为之沮丧或者痛苦，而是要以此为鉴，从中汲取营养。因此，经历并不能决定什么，我们对经历所赋予的意义才是决定未来的关键。”

“沉迷田径运动直到高二”“因为担忧成绩而放弃田径”“放弃田径之后依然成绩不佳、浑浑噩噩地度过高中”……这些只是单纯的“经历”，并不能决定人生是成功还是失败。

虽然我曾希望抹去高中时代的记忆，但是不可否认，正是黯淡的高中生涯激励我此后奋发图强，这才有了今天的我。

如今年逾花甲，此番感受更为强烈。

接受真实的自己，这是本章重点介绍的良好习惯。“真实的自己”不仅包括“现在的自己”，也包括“过去的自己”。

“当初那样做就好了”“为什么每天都这么烦心”……

总有一些失败是我们必须直面的，因为曾经的失败而愤愤不平的人想必也不止我一个。

尽管我们不能抹除痛楚和失败，但是，我们可以赋予其新的意义。

不必单纯以好坏评判过往的经历，对于今后的人生来说，这些都是宝贵的财富。这便是阿德勒心理学强调的“积极进取”。

挫折让人有所启发；懊悔的经历催人奋发图强；正因为遭遇切肤之痛，所以更能宽以待人。关键在于，既要接受当前的自己，也要接受过去的自己。

为内心提供营养

明知油箱快空了还是试着开车，这样的例子在生活中并不罕见。汽车因为没油无法启动本在情理之中，然而人们却会对此深感郁闷，或是抱怨“怎么就动不了”，或是陷于自责地表示“连一辆车都驾驭不了，我可真失败……”

汽车没油本不是什么大不了的事，却足以令很多人方寸大乱。

从阿德勒心理学强调的“积极进取”的角度来说，给车加油是让车能够启动的唯一办法。而且，**不仅车要加油，人也同样需要，这便是给内心提供营养**。

所谓提供营养，就是从身心和头脑着手，全方位地善待自己。换言之，营养是由自己提供给自己的。

聆听古典音乐是我给内心提供营养的方式之一。即便凌晨五点起床写稿，我也一定会让古典音乐成为工作时的背景音乐，尤爱舒伯特、贝多芬、莫扎特和巴赫的作品。

只要可以抽出时间，我还会去听演奏会。某次欣赏东京交响乐团的演出，其中一曲是莫扎特的《C大调长笛和竖琴协奏曲》。根据之前的印象，在电影《莫扎特传》中，萨里埃利正是看到该曲谱而叹服莫扎特的惊世才能，继而心生嫉妒。亲耳聆听时，真切感受到第二乐章宛如天籁，让人如痴如醉。

这番视听盛宴让那一天的我吸取了足够丰富的营养。这便是我给内心提供营养的方式，有些人喜欢欣赏画作、观赏花草也是同理。

保养身体有助于让自身感到快乐，属于给内心提供营养的另一种方式。享受美食、泡温泉、美容等均在此列。

此外，给内心提供营养还包括其他让人乐此不疲、不觉时间流逝的兴趣爱好，这些同样有助于放松自己。

总之，我们要做能让自身保持好精神和好心情的乐事，善待自己就是让身心和头脑得到放松。

正如燃油车辆不能没有汽油，生活也离不开这些善待自己的行为，即养生之道。

有时候，“接受真实的自己”需要一定的气力和意志力。

怎样可以给内心提供营养？还请读者朋友扪心自问，发掘适合自己的养生之道。

多说正能量的话

“我怎么可能做到”“反正就是不顺”……在为客户提供心理咨询服务的时候，我发现，如果进展不顺或者感到不安，人们就会频繁地说一些负能量的话语。

换言之，贬低自己已经成为不少人的习惯。

一旦工作受阻，你是否也会悲观：“完蛋啦……”

而且，表面无意识的流露只是冰山一角，心中更是藏着千言万语，或者说是“内心在自言自语”。

“前方真是漆黑一团。”

“若无长夜，何来天明？”

比较两种心声，哪一句更能振奋人心？答案显然是后者。

无论积极还是消极，这类内心语言都会极大地影响内心。因此，如何与内心交流就显得至关重要。

在我看来，负能量的话语堪称“恶魔的诱惑”，正能量的话语则是“天使的圣光”。

长期受到恶魔的侵蚀，眼中的世界也越来越黯淡无光。那么，一次次告诉自己“若无长夜，何来天明”会给我们带来怎样的转变？我相信至少我们可以逐渐平静下来，心情也会逐渐变得明朗。

在飞机遇到紧急情况时，机长会把自动巡航改为手动模式，从而争取化险为夷。

同理，**如果遭遇挫折或者伤害、恶魔的声音在心底回响时，我们就需要有意识地作出调整**，让“天使的圣光”照亮内心。

不必在意形式，只要是激励自己的话语即可。因此，建议读者朋友从自身的风格出发，思考“适合自己的圣光”。

“没什么大不了，一切还能挽回。”

“总有人会理解我的。”

“我是世间独一无二的美好存在。”

如果只说一两遍未能奏效，不妨说上十遍、几十遍，日积月累之下就可以转变内心。

调整早晚的作息

从上一节不难体会，人们容易被言语左右，负能量的话语只会让心情越来越糟。

其实，不仅言语如此，行动也有类似的影响力。

在垂头丧气的时候，倘若强打精神，大声和别人打招呼，或者保持微笑，心情多少可以变好些。

人们的心情会受到行为的影响。因此，在提供心理咨询服务时，我通常会建议客户调整早晚的作息。

首先是日间的作息。建议在早起时充分领略生命的美好。例如，大大地伸个懒腰，尽可能地喊出来：“睡得好爽！”而且这一动作要在醒来之后就马上做，不能等闹钟响起多次以后才做。

在洗漱之后，请对着镜子微笑。看着镜中带着笑容的自己，你自然也会笑得更开心。

早间的问候也必不可少，请大声对家人或同事道一声“早上好”吧。

其次是晚上的安排。有些人习惯晨起后洗澡，不过我建议还是把洗澡放在夜间。因为，洗澡不仅是清洗身体，还可以让内心得到放松。回到家后，无论白天遇到多少不快或麻烦，只要舒服地洗个澡，一切尽可抛之于脑后。

然后，在入睡前请试着回想一件当日值得高兴的事。“真是美好的一天啊……”带着这样的感慨更有助于我们进入甜美的梦乡。

对于我们的美好生活来说，这些微不足道的小事其实至关重要。

调整早晚的作息具有不可思议的魔力，我们往往可以从中获得信心：“其实，这样的我就很好！”

坚守“自身的品格”

《国家的品格》是数学家藤原正彦的著作。随着该书的热卖，“品格”一词成为流行语。

国家需要品格，个人也是如此。

不过，我想说的坚守品格并不是捍卫真理或常识，而是接受真实的自己，并且不失自尊。

顾名思义，自尊就是尊重自己。**保持自尊是因为自身值得尊重**。**避免做出拉低自身品格的行为，其实就是自尊自爱的表现**。

假设你在公司遇到些许不快，下班时走在路上也是格外懊恼，甚至心生自暴自弃的想法。此时，你遇见一位看似身体不适的老奶奶，赶忙上前询问，并且帮忙拦下一辆出租车。随着老奶奶道谢之后坐车离开，你也重拾自尊，先前的烦闷早已烟消云散。

不乱扔垃圾，不说伤人的话语，力所能及地为他人提供帮助……想到就要做到，从简单的事着手。

无论是多么微不足道的小事，只要采取不降低自身品格的行动，自尊心便会油然而生，我们也更容易接受真实的自己。

习惯2　了解自己

阿德勒语录

贝蒂虽然仍在抗拒，但是也释放出不可思议的力量，让我看到了一些希望。如果能把这股劲用于正道，这孩子一定能成为优秀的领导。

《性格的塑造》

人生如大海行船，我们只是那一叶扁舟。即便羡慕他人，我们终究没法换乘另一艘船。面对暴风骤雨，“若能成为铁船就好”的感叹也无济于事。

名为“自己”的小船已然行驶在海上，无论好坏都得接受。而且，只有充分把握自身的特点和优缺点，即掌握船的性能，我们才能搏击风浪。

阿德勒认为，“好好利用现有条件”比“想要怎样的条件”更重要。

扬长避短，争取外力帮助，着眼力所能及之事，并且有所行动。为此，需要正视自己、了解自己。

着眼自身的长处

“你的缺点、弱点以及讨厌自己的地方是什么？”

面对我的问题，人们的回答也是五花八门：“不够果断，错失良机”“大大咧咧，不经意的一句话就惹人不快”“为小事纠结许久”……

由此可见，人人皆有烦恼。尤其在为职场和人际关系所苦恼的时候，身心俱疲的人们容易只看到缺点和弱点，继而感叹“我真没用”“我怎么可能做到”云云。

不过，尺有所短、寸有所长，不必妄自菲薄。

如果只看到缺点、为怎样改善而绞尽脑汁，优点也会悄然消失。

棒球明星松井秀喜曾效力于日本读卖巨人队和美国纽约扬基队。加盟读卖巨人队时，松井高中刚毕业，而且被破格选拔至一线队。尽管得到细心指导，但是他仍未能拿到好成绩，于是很快被刷到二队。

某天，二队教练末次利光叫住他问道：“松井，你属于什么类型？”

松井回答说：“我是超级击球手。”

此时的松井只是如愿加入巨人队旋即被贬入二队的新秀，如果是一般的教练，多半会提醒他弥补短板："光是超级击球手有什么用，还要掌握其他的技能。"

但是，末次教练与众不同。他对松井予以肯定："原来如此。行，那就坚持这个风格吧。"

在巨人队称霸日本的时代，末次利光曾与鼎鼎大名的王贞治、长岛茂雄并肩作战，对于松井的优缺点自然一看便知。

正因为被贬入二队，所以更要发挥长处。松井之后一飞冲天的故事如今也已是家喻户晓了。

球员各有优缺点。如果只盯着弱点，就会越来越看不到优点。假如一味只想着弥补短板，球员就很可能逐渐失去自身的特点。

因此，发扬自身优点才是正道。为此，充分了解自己至关重要。

正视自己，了解自己，继而认清自身的优点和缺点。而且，为了认清自己的优点，需要接受真实的自己。

不过，被问到自身的优点时，不少人会一时答不上来。

的确，这需要回首过往、仔细思考。在回忆的过程中，每个人能回想起的比他人更擅长的事、别人所未有的经验、受到赞扬的经历想必也为数不少。

试着备好纸笔，抽出时间，心平气和地与内心展开交流，并且把这些逐条记录下来。

如此一来，或许可以找出此前自己都没意识到的长处。

把短处说成长处

话虽如此，不过，人在消沉或疲惫的时候容易陷入悲观，只看到缺点和弱点。归根结底，人们往往不能认清自己。

因此，我的建议是：首先把缺点和弱点写下来，然后把它们转换成优点和长处。例如，“急性子”可以形容为“想到什么就会直说”，“顽固”可以理解为“意志坚定”，“优柔寡断”可以看成“不草率作出决定”。

糟糕的自己和优秀的自己，这就像硬币的两面。

有一位医学生未能成功从大三升到大四，只能选择留级，他为此向我咨询。

“明明有很多厚厚的教材需要学习，然而中途总会不自觉地或是去打电话，或是开始听音乐，注意力根本无法集中。”他显得极为懊恼和自责。

我却不以为然，并且坚定地告诉他：“你不是注意力无法集中，而是思维发散！”

对方显然对这样的说法感到新奇，原来像“注意力不能集中”这样的缺点也可以被解读为“思维发散”而成了优点。由此可见，对自身性格的把握完全取决于自己如何看待。

于是，我进一步询问他注意力可以集中多长时间，得到的回答是“看书只能坚持30分钟，然后就会分心”。

据此，我向他建议“散漫型学习法”。“学完一门再学下一门”的常规办法显然不适用于他。所以，我建议他在书桌正中放上内科的资料，左侧摆上妇产科的书，右侧则是解剖学的教材。一旦注意力开始分散，那就换一门课程资料来看。

既然肯定“思维发散”是优点，自然需要辅以相应的办法。

果然，此后他顺利升学，也通过了医师资格考试。

若能换个角度来看，缺点和弱点或许可以成为宝贵的财富。

试着把自己的短处说成长处。当抱怨自己没用或者为缺点而懊恼的时候，发散思维、把短处转换为长处便可起到关键的作用。

了解内心的真实想法

向我咨询的客户各有各的烦恼。例如，某女士曾向我抱怨：“本想好好工作、为公司作贡献，但是怎么都使不上劲……”

于是，我问她：“好好工作是你的本意吗？如果工作不需要那么拼，你想做些什么？”

她回答道：“也许我会好好休息吧。”

其实，工作和人际关系已经让她疲于奔命，但她不得不表现出上进的样子。“为公司作贡献”“好好工作”的想法已经根植于心中，反而让她对内心的真实想法浑然不觉。

这样的例子并不少见。在身心俱疲的时候，人们往往不知如何是好，容易忽略内心的真实想法。

上司因为鸡毛蒜皮的小事而对下属大发雷霆，其实并不是易怒，而是出于“业绩压力大”或者“希望业务平稳”的难言之隐。因此而胆战心惊的下属，可能也忘了内心的真实想法是希望得到上司和同事的“善待”。

根据阿德勒心理学基础②“目的论”，行为基于目的，而这里所说的“目的”就是内心的真实想法。

但是，真正抱着这个“目的”行动的人少之又少。

请试着问问自己：“这真的是自己想做的事吗”“希望处于怎样的状态”“怎样的环境可以让自己满意”……

关键在于，**只有直面自己，才能了解内心的真实想法**。

习惯 3　把失败和缺点转化为财富

阿德勒语录

自卑感人人皆有，但自卑感并不是疾病，而是人类健康的、正常的发展与成长的催化剂。

《个人心理学讲义》

询问心理学家和精神科医生“为什么选择这个职业”，有些人回答“因为青少年时代也曾为人际关系所苦”，有些人则说“为了克服毛细血管扩张症给自己留下的心理阴影”。

但是，面对类似的遭遇，也有人自怨自艾，就此与世隔绝、忧郁度日。

由于体弱多病、个子矮小，阿德勒一度陷入自卑。但是，他愈挫愈勇，最终成为一名医生，并且开创阿德勒心理学。

失败和缺点无法抹除，但是，我们可以积极作出改变，将其转化为财富。

巧妙利用挫折和逆境

对阿德勒来说，正是在与缺点、弱点的抗争中，他实现了自我升华。

从已经出版的传记来看，阿德勒的人生可谓多灾多难。

从年少时候开始，他就饱受佝偻病和哮喘的折磨。每每面对比他年长1岁4个月的兄长西格蒙德，阿德勒总是格外自卑。

回顾2岁时的经历，阿德勒曾说：“这是我最早的记忆之一。由于身患佝偻病，我只能缠着绷带坐在椅子上，对面就是身强体壮的哥哥。看着他上蹦下跳，我却连动一下都是那么紧张和费力。”

身体无法控制，疾病无止无休，身边又有强壮的兄长作对比……可以说，在人生的起步阶段，面对糟糕的健康状态和强壮的兄长，阿德勒的自卑感比常人更甚。

但是，不必将此视为人生的障碍，而是要好好利用和把握，阿德勒心理学正是在此背景下诞生的。

“无论处于怎样的成长环境，或是具有怎样的身体缺陷（弱点），人都应自立自强。人生应该由自己选择和决定。”

可以说，正是这番苦难的磨砺，才使得日后的阿德勒心理学熠熠生辉。

“自卑的阿德勒”一度成为他的标签。顾名思义，自卑就是自觉低人一等，“个子矮小”“学历不高”“相貌平平”等都是诱因。

这种负面情绪不仅源于“与他人的比较”，也来自理想与现实的落差，例如“工作进展不如预期”“不能如愿为公司多作贡献”“没法让自己行动自如”……

总而言之，**自觉低人一等，或者总认为自己无法达成预期目标，这种负面情绪就是自卑感**。

阿德勒对此予以肯定，并且断言：“只要心存目标，人就会自卑。”

关键在于，我们应该怎样对待这种自卑感？是甘愿就此自暴自弃，还是化自卑为力量？

以从事销售工作的A为例，虽然个子矮，他却从中看出积极的因素：“这样也好，至少客户在面对我的时候不会感到压力。”

不过，情况类似的B却对身高耿耿于怀，终日唉声叹气：“矮小的我怎么做得好这一行……”这样的想法导致他在工作时无精打采，面对身材高大的客户更是战战兢兢。

那么，怎样才能化自卑为力量呢？

人无完人，面对自身的缺点和弱点，痛苦在所难免，产生自暴自弃的想法也不足为奇。

不过，黑夜过后必有光明，阿德勒的经历便是最好的证明。今天让你倍感痛苦的缺点和弱点一定可以成为明日成功的基石。

把厄运转为好运

每到年末，各大交响乐团就争相演奏贝多芬的名曲，如《第九交响曲》《命运交响曲》等。

法国作家罗曼·罗兰所著的《贝多芬传》中写道，贝多芬从25岁开始听力每况愈下，全凭惊人的想象力克服困难。

听力障碍对音乐家堪称致命的打击，换成别人，也许早已心灰意冷。但是，贝多芬偏不认命，反而更加积极地创作："就算什么都听不见，我照样可以谱写乐章。"《第九交响曲》和《命运交响曲》都是他失聪后的杰作。可以说，熬过这番磨难后，贝多芬的创作进一步得到了升华。

"痛苦有多重，欢乐就有多深。"这是贝多芬的名言，也是他人生的写照。

人生在世，难免经历灾病，愤恨命运不公、就此沉沦的大有人在。

但是，人生并不由这些灾病决定，如何把握人生和克服困难完全取决于自己。

也就是说，眼前的不幸未必就是一生的障碍，你的人生是由自己的选择决定的。

“加油！无论身体存在多少缺陷，凭借坚强的意志一定可以克服困难！”这句话出自贝多芬25岁时的日记。与他相比，我们所面对的厄运、阻碍、苦恼等简直不足挂齿。

可以说，贝多芬的人生经历堪称阿德勒心理学基础①“自我决定性”的典范。

不以“职场环境”为借口

阿拉伯国家流传有这么一则寓言。在绿洲的附近住着一位老人，某天有个拖家带口的人经过，向他问道：“老爷爷，我们打算在这里安家，请问镇上住的都是什么人呢？”

老人当即反问：“你们以前住的地方都是些什么人呢？”

“哎呀，都是些尖酸刻薄之徒，孩子也经常被欺负……”

然后，老人回答说：“那很遗憾，这里也一样。”

那人听了大失所望，于是带着家人离去。

不久，又有一家人经过，向老人问了相同的问题，老人同样予以反问。

不过，这家人的回答截然相反：“人人善良热情，我们其实很舍不得离开。”

老人的回复也和之前完全不同：“那太好了，这边的人也是一样。”

对方听后大为安心，决定在此定居。

有一位青年在旁边听到了老人与两家人的对话，揶揄道：“老爷爷，你也太善变了吧。对前一家说这里不好，对后一家又说这里好……”

老人却不以为然：“怎么会呢？其实，哪里会有净是坏人或者净是好人的地方，周围是些什么人全取决于你自己怎么看。”

这则寓言揭示了“境由心生”的道理。“小镇”如此，“职场”也不例外。

对于上班族来说，转岗、跳槽可谓家常便饭。有时候工作上的调动可能并非本意，即便如愿调动，结果不如预期的情况也并不罕见。

不过，是否继续待在这个职场环境则完全取决于自己。

阿德勒心理学肯定环境对人的影响，但是也指出，“环境是内心的投射”。

“无论职场环境如何，终究取决于自身怎么看待。”如果对当前的工作环境感到不满，不妨试着这么对自己说。

客观反省失败

“虽然日语读音一样，但是，我的姓氏是武田，不是竹田!”

我曾经收到客户的一封邮件，字里行间都可以感受到对方怒不可遏的情绪，至今想来依然汗颜：“哎呀，我竟然会犯这样的低级错误……”

不过，自那以后，我每次发邮件前都会再三核对姓名。正是基于那次刻骨铭心的教训，我才会养成这样的好习惯。

同理，自从某天早晨由于花费了很长时间找手机导致上班迟到之后，我开始把重要物品统一归整到一个地方。

综上所述，我们应当好好把握“失败”，也许它会成为日后宝贵的财富。即便遭遇失败，你也可以让自己变得越来越好。

面对失败，唉声叹气并不能解决问题，自怨自艾也无济于事。失败蕴含着让自己变得更好的希望，或可成为人生中的精神食粮。

失败能否成为财富，关键在于如何面对失败，具体表现为怎样客观地反省失败。

以报价出错、遭到客户训斥为例，“糟糕”“我真笨”之类的沮丧在所难免。但是，如果只顾着痛心疾首，往往不能客观地反省失败。

无论多么心痛或羞愧，只有试着冷静下来，好好反省失败的经历，才能做到客观。

下一步就是思考“怎么做才能避免报价出错”，各种积极的想法由此涌上心头。例如，“仔细核对报价金额”“在提交客户前请他人复核”等。

不管面对怎样的失败、遭受多大的打击，切勿不了了之。**保持心平气和有助于客观反省失败，同时，思考“怎样化失败为财富”才是积极的出路**。

习惯4　善于面对负面情绪

阿德勒语录

愤怒是人们彰显力量的情绪化表现。为了达成迅速压倒反对意见的目的，该特征表现得格外明显。

《性格心理学》

情绪有正负之分。正面情绪包括喜悦、轻松、幸福等，负面情绪则包括愤怒、悲伤、痛苦等。

不过，情绪并不因其属于“正面”就是“好”的，也并不因其属于“负面”就是“坏”的。

例如，面对亲人的离世而产生悲痛的情绪，这是再正常不过的事了。然而，有些人会陷于悲伤的情绪难以自拔，甚至因为过度悲伤而自暴自弃，这样就太可惜了。

通过本章的讲解，希望读者朋友可以学会面对负面情绪。

负面情绪反映自身

自怨自艾，觉得“我真是糟透了”；羡慕他人，“能和他一样就好了”；面对工作总是忐忑不安；意志消沉、毫无斗志……

在日常生活中，我们总会遇到各种各样的负面情绪。而且，这些大多与“工作不顺”“为人际关系而烦恼”有关。

按照阿德勒心理学的理论，无论是正面情绪还是负面情绪，都具有三个特征。

1. 情绪的释放是“有感而发”，而且针对特定的“对象”，具有某种“目的”。

2. 情绪可以控制。

3.（包括负面情绪在内的）情绪反映我们自身。

在许多人看来，“愤怒”是最让人烦恼的负面情绪。

例如，因为下属开会迟到，A部长“怒不可遏”。参照阿德勒心理学基础④“认知论”，在A部长看来，“下属开会迟到”是不争的事实。因此，发怒的目的是“提醒对方守时”。

当然，这招只对下属有用。如果把“对象”换成上司，那显然不妥。

由此看来，“发怒”是A部长自身的选择，因此完全可控。

包括“愤怒”在内，**所有的情绪其实都是由自身来把控的**。因此，情绪反映我们自身。

根据阿德勒心理学的理论，如果不能好好把握愤怒、伤心、失落等负面情绪，人生可能真会走下坡路。

正视负面情绪、好好把握也是决定人生的关键。

正视“不悦的真正原因”

在我还是上班族中的一员时，有一位上司格外挑剔，终日摆出一副唯我独尊的架子，因此人送外号“皇帝”。

每当同事被“皇帝”单独约谈，事后我们都会询问：“今天‘天气’如何?”

所谓“天气”，指的自然是“皇帝的心情”，一般用晴天、多云、下雨、打雷来指代他的心情状况。

在我的印象中，“皇帝”似乎难得有心情不错的时候。偶有“晴天”，更多的还是“多云”或“下雨”。下属自然提心吊胆，唯恐惹得“皇帝”不悦。

在《性格的塑造》一书中，阿德勒谈到某位时常表露不悦的少女：“她基本不与人交往，表露不悦是她在社交领域中最主要的一种表达方式，也是她向母亲抗议的最佳手段。因此，表露不悦已成为她的习惯。”

在这个案例中，阿德勒将“表露不悦”描述成“向母亲抗议的最佳手段”。

按照阿德勒心理学基础②“目的论”，分析少女的不悦不应只盯着原因，而是要思考她的目的。

如果有人表露不悦，周围人的第一反应往往是探究原因："到底怎么了？"其实，换个角度，也许目的才是关键，或是为了"与他人保持距离"，或是为了"回避当前的问题"。

因此，分析他人的不悦，需从目的着手。

那位"皇帝"盛气凌人也是刻意为之，旨在让下属敬而远之，从而达到掌控部门的目的。所以，下属的态度及工作表现等原因并不是关键。

假如你也对他人发怒或者不悦，不妨问问自己："我这么做的目的是什么？"

唯有如此，我们才能正视负面情绪并且善加利用。

不以“恶意”度人

以某科室举办年会为例，科长在开场致辞后便先行离开了。临走前，他塞给下属A一万日元，嘱托由其组织后续活动：“我先走了，你们玩得开心。”

结果，饭后活动分为两拨。以A为首的五人小队选择喝酒，以B领头的五人小队去唱卡拉OK。

第二天，B得知A得到了科长的赞助，他立刻向科长表示抗议：“太过分了！唯独给A小队赞助，明显是偏心。”

给A一万日元的本意是让“大家玩得开心”，科长对B的指控自然感到莫名其妙。而且，科长离席时最先遇到的是A，把钱给A纯属偶然。

不过，让我们试着分析B的“愤怒”，哪些是客观的事实?

除了把钱给A是事实之外，“过分”“偏心”都是B“主观的想法”。

而且，分析B的话，“唯独给A小队”的言下之意是认为科长“特意选择A”。这番推测自然也是主观臆断。

类似的案例不胜枚举，由此可见，**人际关系会出现问**

题往往是因为人们在评判一件事时不是基于客观的事实，而是凭借歪曲的“主观想法”。

“打了招呼却没收到回应”是事实，却将此理解为“对方故意无视我”。

“上司不给自己建议”是事实，却据此得出结论“上司觉得我没用，懒得搭理我”。

“帮同事的忙但同事没有道谢”是事实，于是认为“自己不招人喜欢”。

然而，这些只不过是对客观事实的主观解读。

虽然不排除“被无视”的可能性，但是对方没反应或许是“没听见”，或许是因为那一日恰好身体不适。所以，“对方故意无视我”的观点未免有些武断。

上司之所以没有给出建议，或许是对下属充分信任，也有可能只是忘了而已。

同理，同事没有道谢可能只是一时遗忘，抑或是因为忙得不可开交而没有顾上。

综上所述，如果心怀不满或者不快，试着问问自己：“我是否曲解了事实？”

“对方不搭理我就是无视我吗？”“上司没有给出建议就表明上司觉得我没用吗？”“对方没有答谢就意味着自己

不招人喜欢吗?”……

“也许对方没有恶意?”如此换个角度来看，头脑也会冷静许多。

所谓“大家”真能代表全部？

“这一天，朋友们似乎都显得比我伟大。我买了花来，和妻子一同欣赏。”

这是石川啄木的著名短歌，其中的“朋友们”尤其值得品味。

人在感到悲观失望的时候，往往会认为周围的人比自己更优秀、更出色、更伟大。

我曾经也是如此。在35岁时离职，我一度成为无业游民，甚至连信用卡都被停用。

因此，在那时的我看来，持卡一族“真是了不起的大人物”。

当然，是否持有信用卡其实并不能决定伟大与否，无非是“大人物才刷卡”的误解被放大而已。

根据阿德勒心理学基础④“认知论”，“人们基于自身的看法和想法感知现实”。不过，**其中存在一些偏离常识的认知，阿德勒心理学称之为“基本错误（Basic Mistake）”**，“以偏概全”就是其一。

以偏概全的特征在于听风便是雨，把一两个人的做法上升到“无论是谁”“无论何时”。

“朋友们都很伟大”“持有信用卡的都是大人物”，这些就是典型的以偏概全。

此外，“没人理解我”“人人都很冷漠”之类的不满或不安也属于此列。

每个人的身边或多或少总有知心的人，世间也并不缺乏温暖，只不过我们往往身在其中而不自知，于是生出“人人都很冷漠”的感慨。

总之，在不安或不满的时候，我们容易把个性夸大为共性，认为“人人都是如此”。

若能意识到这一点，我们便可反问自己：“所谓大家真能代表全部?”“所谓‘人人’真的完全没有例外?”

杜绝“一厢情愿”

阿德勒心理学强调的另一个“基本错误”就是“一厢情愿”。

类似于“那个人肯定讨厌我”这样的论断其实并不合乎事实，但很多人的内心对此深信不疑。

以开会时的反对意见为例，如果质疑的是亲近、信任之人，我们或能虚心接受：“请问哪里不妥呢？”

若提出反对的是关系不佳的人，哪怕对方提出了一些建设性的意见，在我们听来依然刺耳，认为“那人这么说肯定是讨厌我”“因为对我有意见，所以处处和我作对”……

而且，关于“那人”是否真的讨厌自己，往往是难以确定的，因为人际交往中原本就难免存在诸多误会和嫌隙。

总之，一厢情愿带来的弊端实在数不胜数。

一厢情愿大多以肯定句的形式体现，例如“一定是”“应该是”“毫无疑问”等。

“这么做应该不行”“关键时刻肯定掉链子”……意识到这些只是一厢情愿之后，便可问一问自己：“当真？有什么证据？”

如此一来，我们多半可以说服自己：“原来是我的错觉”“只是一厢情愿罢了”。

顺应周围的常识

以公司的迎新会为例，以上司为首的大部分人选择啤酒。偶有两人不喝酒，便会点乌龙茶。这时，如果唯一的那名新人要求“请给我来杯橙汁”，想必众人定是一片愕然。

这样的故事随处可见。根据阿德勒心理学④“认知论”，由于人们都“通过各自独特的‘眼镜’感知现实”，各人“对事物的看法和想法（认知）”并不相同。

认知不同完全合乎情理，但是，“进展不顺”“人缘不佳”等有可能是因为“自身独特的看法和想法”有失公允。换言之，“‘眼镜’没有戴正”。

如果“自身独特的看法和想法”没有跳出所在集体的“常识”，自然不会有什么问题。然而一旦有所偏差，无论他人还是自己都会感到不快。

以极端的例子来说明或许更方便理解。例如，“不必和背叛我的人再有任何交往”“不想对任何客户和上司低头”……带着此类“有明显个人特色的看法和想法”的人，也许相处起来就没那么容易吧。

阿德勒心理学强调，**如果“看法和想法严重偏离常识”，最好的办法就是纠正自己**。换言之，重视“与集体的和谐”颇为关键。

如果所在企业、团体、社会等集体的多数派意见与自身的感觉相去甚远，只要不是原则问题，不妨适当向集体靠拢。

以迎新会的例子来说，如果多数人的观点是“赶紧开喝，不要点其他需要现场制作的饮料耽误时间”，那么顺应大流才是明智之举。

当然，时代也在改变。

“只要尽兴就好，尽管点自己喜欢的饮料。”假如团队是这样的氛围，按照自己的喜好选择饮品便无不可。

在一定程度上迎合集体、顺应周围的常识，保持这样的姿态有益而无害。

假设“××会怎么做”

我向约瑟夫·佩莱格里诺（Joseph Pellegrino）博士学习了很多阿德勒心理学知识。

佩莱格里诺博士师从阿德勒的长子——库尔特·阿德勒（Kurt Adler），他是一位在芝加哥派、纽约派、旧金山派等北美阿德勒心理学流派中颇具盛名，堪称享誉世界的心理学家。

无论是邮件沟通，还是当面交流，佩莱格里诺博士频频提及的一个词就是“宽容（generosity）”。

博士本人心胸宽广，即便我隔了很久都没有回复他的邮件，他依然以善意揣度：“估计小俊工作太忙，所以无暇回信吧。”

还有一次，博士组织学习小组讨论，我因故未能完成自己的课题部分，他却并不在意：“只要不影响整体进度，那就无妨。”

可以说，我不仅向博士学习了阿德勒心理学，而且领悟到与人和睦相处的关键是保持“宽容之心”。

他至今仍是我的人生导师，每当遭受挫折或受到攻击，抑或是感到悲观失望的时候，我都会假想：“如果是博士的话，他会怎么做?”

感到焦虑不安或者垂头丧气的时候，不妨代入一位心胸宽广之人的角色，思考对方会怎么处理。

相对于“请求”，更重视“建议”

上司、老师、客户、父母等身份较为特殊的人，在我们面前往往具有优越感，有时也有很强的支配欲。

一旦发现我们脱离掌控，他们就会以负面情绪对我们施加影响，要求“按我说的做”“照我的想法来”。从结果来看，这么做往往会对我们的人际关系、职场氛围、工作等造成不良的影响。

在提供心理咨询服务时，我也时常扮演“老师”的角色。此时，我会格外小心，避免“指挥”或“要求”客户。

而且，类似“试试这么做”的十分直接的“提议”也不是我的风格。

这也是拜佩莱格里诺博士所赐。博士几乎不用“提议（Propose）”“要求（Request）”等字眼，取而代之的是“建议（Suggest）”。

总之，不必明确给出指示，而是委婉提出“建议”，引导对方自己发现。

当然，既然是“建议”，对方难免会有不明所以的时候。不过，博士仍然强调，**“建议”旨在“委婉表达自身的意愿，尽量不要否定对方”**。

在为他人排忧解难的时候，保持这样的姿态至关重要。

习惯5　思考要具有“建设性”

阿德勒语录

所有人的目标都是希望更进一步。但对于丧失勇气或自信的人来说，人生可能由具有“建设性”的一面转向“非建设性”的一面。

《人为什么会有精神疾病》

“因为工作稍有差池，客户表示不满。”面对这样的困境，有些新员工选择逃避、抗拒上班，有些新员工则会引以为戒、愈挫愈勇。

面对失恋的痛苦，有些人痛不欲生，有些人则积极寻找下一位合适的对象。

两相对比，哪一类人的做法更具有“建设性”？

即便经历和遭遇相似，人们的反应却各不相同。

无论置身于怎样的境地、遭遇怎样的命运，阿德勒心理学都可以帮助我们朝着具有“建设性”的方向挺进。

从具有“建设性”的角度展开思考和行动，这便是本章的要点。

“建设性”和“非建设性”的判断标准

根据阿德勒心理学基础①“自我决定性”，即便置于相同的环境、抱有相同的缺陷，人生是“建设性（创造性）”还是“非建设性（破坏性）”，终究是自身的选择。

相对于是非善恶，阿德勒心理学更重视以“建设性”和“非建设性”作为判断标准。

阿德勒在著作中经常提到“人生的积极一面（On the useful side of life）”。“Useful”通常译为“有用”，其反义词“Useless”就是“没用”的意思。不过，我认为“没用”的表述在此并不准确。相对而言，翻译为“建设性”和“非建设性”更恰当。

在追求幸福人生的道路上，“建设性”的想法必不可少。

举例来说，愤愤不平的销售员A向上司投诉：“B真卑鄙，竟敢抢我的客户！请您主持公道，把客户还给我。”

此时，如果上司把B训斥一顿，要求把业务交还给A，是否就能解决问题？

虽然A夺回了本属于自己的客户，但在客户看来终究还是“换了业务员”。如果不顾及客户的感受，或许会酿成新的祸患。

A固然理直气壮、义愤填膺，但是，应允A的请求就是“积极”的对策吗？

职场之中并不是非黑即白，“这么做也许没问题”的灰色区域并不少见。

巧言令色，掩盖事实；瞒天过海，抢夺客户；散布流言，扰乱职场氛围……只要程度不算严重，便可大事化小、小事化了。此时，**强调谁对谁错并不能真正解决问题**。

具有“建设性”的观点应该是：“抢客户是B的不对。今后，怎样在不影响企业形象和职场氛围的前提下提升业绩？”或者，“B怎样可以做到既不抢同事的客户，又能提高销售额？”

此外，A可以采取以下行动。

首先，虽然对B的行为颇为恼火，但也不必争论，而是提醒对方：“以后可不能这么干！”

其次，尽管B的行为确实打击士气，但还是要更加专注于眼下的工作。

这些都不能单纯地以是非对错来评判，而要以是否具有“建设性”作为判断标准。

心怀乐观，做当前力所能及的事

从具有“建设性”的角度去思考的人或多或少具有乐观精神。

说到乐观，也许会有人联想到“头脑简单”“悠闲懒散”，这些其实都是误解。

阿德勒常以“两只青蛙”的故事阐述乐观对人生的重要性。

有一天，两只青蛙在一个水壶的壶口附近跳来跳去，水壶内盛有不少牛奶。一不小心，两只青蛙突然同时掉入壶中。

“完蛋了……”其中一只自感将要命丧于此，于是大哭起来。

但是，另一只青蛙并不认命。它拼命扑腾，试着逃出水壶。没想到，由于它不停地搅动牛奶，水壶底部的牛奶逐渐结块，它得以踩在上面跳了出去。

坚持不懈的青蛙充分体现了乐观精神，**而真正的乐观就是面对任何困难依然不放弃希望**。

在《理解人性》一书中，阿德勒写道：“乐观主义者能够努力向前、挑战任何困难，不被艰难险阻吓倒。由于满怀自信且不强求，他们很容易找出对自己有利的条件。他们视困难为发现自身不足的良机，因此抗压能力更强。他们坚信困难总能克服，所以也能保持冷静。”

根据上述定义，那只不放弃的青蛙对自己的能力深信不疑，坚信“可以逃出去”。因此，尽管水壶里装了不少牛奶，但是它并没有被吓倒，更不认为自己会就此丧命。而且，由于自信，它对当前力所能及的事全力以赴，奇迹也因此诞生。

“没问题，我可以！”越是困难的时候越要给自己打气，积极进取至关重要。

再难再苦，首先需要保持乐观。而且，**保持具有“建设性”的态度，全力以赴地为当前力所能及的事而努力**。

积极乐观的心态是时来运转的催化剂，可以推动事物朝着良好的方向发展。

及时调整心态，“没有最糟的情况”

“建设性”思考的一大阻碍就是杞人忧天的悲观设想。

“万一失败就会降职”“如果犯错会被其他人抨击”“这个时候出岔子就会失去客户的信任，合同作废，我也会被开除”……

一些难点在脑海中挥之不去，并且不断膨胀。忧心忡忡之下，头脑也是昏昏沉沉，无法看到和想到具有“建设性”的一面，内心逐渐被消极的设想占据：“怎么办？怎么办……”

更有甚者，还会陷入一系列悲观的设想：“遭到完全否定”“丢掉饭碗”“一切归零”“人生完蛋”……

然而，脑中所想只是假设，绝非现实。**把过去的惨状和他人的失败与自己的现状捆绑并展开想象，这是作茧自缚**。

而且，过度悲观的设想演变为现实情形的例子少之又少。

因此，及时调整心态——“没有最糟的情况”就显得至关重要。

“没有最糟的情况!”这一句在胡思乱想的时候具有奇效，有助于调整心态。只有及时中断悲观的设想，才能逐渐回到“建设性”思考的模式。

着眼好的一面

具有乐观精神的人习惯以善意揣度他人，悲观的人则正好相反。如果只盯着他人的缺点，不利于积极构建良好的人际关系。

以某对夫妻为例，丈夫有心分担家务，但是无论如何都达不到妻子的标准。妻子虽然心存感激，但是面对拖地拖得满地积水的结果也很无奈。丈夫帮倒忙、给她增加额外工作的状况委实不少。

试想，此时妻子应该怎么说才能让丈夫接受？

①“喂！地板怎么是湿的！你洗碗的方法不对！我已经精疲力尽了，你就别给我添乱了好吗？”

②“咦？你把碗洗啦？好开心，我可以轻松点啦！”（不提地板积水，自己擦干）

①是“扣分主义”的典型。专挑丈夫做得不好的部分说，如“地板湿”“洗碗的方法不对”，严重打击对方。

②着眼于“洗碗”等丈夫力所能及的部分，并且予以肯定。

夫妻俩的本意是“共同分担家务，开心度日”，从长远的角度来看，哪一种表达更具有“建设性”？

毫无疑问，像②这样感谢的方式才能打动丈夫，让他今后可以更有干劲地做家务，夫妻关系也更为和谐。

与“扣分主义”相对，**“着眼好的一面来说”就是“加分主义”**。

积极从对方的行动中找出好的一面并给对方“加分”，这比挑问题而给对方“扣分”更加重要，也更有利于促成良好的关系。

“可是我看不到好的一面……”或许有人会这样抱怨。但是，**许多“看不到”源于自己“意识不到”**。

“分担家务的好意”“没有打破餐具”“洗好的碗筷整齐摆放”“洗完拧紧水龙头”……若能用心观察，值得称道的地方实在不胜枚举。

少问“为什么”

“为什么进展不顺利？”“为什么就是来不及？”……

如果工作犯错、被人如此追问，你会是怎样的心情？想必很多人觉得对方是穷追猛打、把自己批得一无是处。

在某次培训时，我曾组织情景模拟。由A扮演“粗心犯错的人”，而B负责连连追问“为什么”，然后所有学员一起分享感受。

结果，维护A的观点占了多数：“B的表现和平时完全不同，实在咄咄逼人”“何必上升到质疑人品的程度”……

我在阿德勒心理学基础②“目的论”的章节曾有提及，“为什么”在分析现象时有用，但对解读人心却是无益。

“为什么和上司合不来呢？”如果不能适应上司的性格和工作方式，就算绞尽脑汁分析原因，也不见得可以改善和上司的关系。

“合不来也是事实吧。”既然如此，索性接受现实，承认和上司合不来、工作并不轻松。下一步就是思考“怎样才能与上司和睦相处（目的）”。

总之，对他人的行为尽量少问“为什么”。如果实在忍不住要问，至少遵循以下几点原则。

首先，切勿连连追问。其次，保持“语气柔和”。

在提问时，语气会不自觉地变得生硬，这点尤其需要注意。

而且，提问的技巧也很重要。以“目的是什么”“怎么做才好”代替“为什么”，效果也会好很多。这样的提问着眼于未来，交流也会变得更具有“建设性”。

假设“即使遇到困难”

以某中小企业的社长为例，在心理咨询的过程中，他坦陈公司业绩平平是自己的心病：“销售额比上年跌了30%，这样公司怎么撑得下去，该怎么办呢？”

“你觉得业绩下滑的主要原因是什么？”面对这个问题，他说：“受经济大环境的影响，眼下真是太难了……”

于是，我继续问道：“整个行业都受到牵连，贵公司的业务量更是大跌30%，还请您设想一下后果。”

他回答道：“如果可以研发新品、开拓销售渠道……虽然我知道可以做的事情不少，但是人力和财力严重不足，所以很困难。”

果不其然，公司在几个月后破产。其实，这样的结果从社长的言谈中就可见端倪。

“如果……”和“虽然……但是……（虽然事实如此，但是做不到……）”之类的假设是社长的口头禅，经济形势、人力、财力等都是他的借口。从中可见，社长没有正视困难，自然是一种“非建设性”的态度。

如果被自身的假设束缚，跨越困境也就难上加难。

为了从具有“建设性”的角度面对问题，**我们要勇于摆脱“如果……”“虽然……但是……”等假设，代之以“即使……也……（即使……也可以……）”的设想**。

“即使经济大环境不景气，也可以有所作为。”

“即使问题堆积如山，若能扬长避短、与其他公司合作，问题也能解决。”

“即使遭遇困难，我也不是毫无办法吧?”

如果可以作出这样的假设，就不会把问题归咎于自身能力或外部环境。习惯以“即使……也……”假设，这才是合乎阿德勒心理学的具有“建设性”的姿态。

习惯6　从大局着眼

阿德勒语录

人的生理反应和心理反应都是生命特征，两者不可分割。因此，我们需要从整体上把握身体和内心的关联。

《自卑与超越》

假设数日来因为工作碰壁而闷闷不乐，周末时为了放松心情去爬山，登高远眺时忽然就觉得先前的烦恼都不值一提。

烦恼之时，问题往往也被放大。

工作中难免遇到吹毛求疵的客户。但是某天经过餐厅，看到对方对店员和颜悦色、彬彬有礼，看法也大为改观："原来他也有这样的一面啊……"

即便是让你讨厌的人，如果换个角度来看，也不难发现对方的闪光之处。

无论对人对事，关键在于"从大局着眼"，这也是本章的要点。

转换视角，抓住“根本”

“在销售、宣传、研发部门看来，加大投入才能卖出商品”和“在财务部门看来，控制在预算范围之内”，两种观点各有道理。但是，如果开会讨论，争论对错并不能解决问题。

根据上一章“思考要具有‘建设性’”的内容，有时候明辨对错没有意义，“建设性”或“非建设性”的判断标准才是解决问题的关键。

既然是“思考要具有‘建设性’”，自然需要高瞻远瞩，力求更高、更广、更大，即从大局着眼。

因此，为了解决上述销售、宣传、研发部门和财务部门的纷争，需从大局出发，分析“是否对公司有利”。

比如，讨论“追加100万日元用以研发产品”，从“盈利”的角度来说，或许可以思考“能否缩减到50万日元”。同理，也不必咬死“只能控制在预算范围之内”，而是“允许超出预算3%”。

试着从大局着眼，至少能抓住“根本”。

控制成本是财务的职责所在，但“盈利”才是企业的

“根本”。

与其纠结“对错”，不如从大局着眼、从“根本”出发。

搁置眼前的问题

“A下属工作总是不认真，真是麻烦……”

无论工作还是生活，“有问题的人”往往会给人带来烦恼和不满。当“工作不认真的A”和其他同事一起做事，光想象一下情景就足以头疼。

但是，试着从阿德勒心理学的角度分析，此中涉及基础②“目的论”和⑤“人际关系论”。

人的感情和行为基于“目的”和“对象”。

A当真不能好好工作？也许他只是故作姿态，目的在于彰显“我和他人不同，理当被委以重任”。

而且，A这番姿态作用的对象是“上司”。从职场关系的角度来说，表现“不认真”未必代表本身就是如此。

A也并非无论何事都不会“认真对待”。也许回家后他会积极帮妻子做家务，如果换一个上司他也可能干劲十足。

所以，单凭A当前的表现并不能断言他“不能认真工作”。只能说，A与上司之间难以融洽相处是因为他表现得“不认真”。

在为人际关系感到烦恼的时候，不能片面地看到对方的局部，而应从整体加以分析。

如果只看表象，就会轻易得出“A不能认真工作”的结论。假如只为A与上司的关系纠结，就不能彻底解决问题。需要把目光放得更为长远，通过比对其他环境、与他人的关系等进行全面分析。例如，“是否对家人也漫不经心？”“理想的工作也不好好做？”“是否从学生时代就不努力？”……

面对看起来问题多多的人，首先切忌把对方定义为“有问题”。

然后，暂时搁置问题，分析对方与他人的关系如何。

试着从更为全面的角度解读对方，也许感受会有不同。

纠正错误时先从整体予以肯定

“你这里弄错了，做事仔细些！”“这么做不行，想想别的办法！”……发现下属犯错就立刻指出属于人之常情，但这类提醒应当都是针对错误本身。

犯错在所难免，如果还被揪着不放，下属多多少少也会感到委屈。

其实，大部分人在工作时都是兢兢业业的，犯错的概率极小，但是上司往往只看到过失。

因此，在指正下属错误的时候，关键在于保持清醒的认识，即“对方在工作中极少犯错”。

如此一来，当下属犯错时便会首先认可对方平时的工作成果，然后再指出错误。“感谢你一直以来的勤勉工作，这次的报告我看了，个别数字有误。不过，问题不大，可以核对、修改一下吗？”

犯错只是工作的极小部分，所以，建议先从整体上肯定工作成果，然后再指出错误。

学以致用

许多商务人士热爱学习，参加交流会或者博览群书都是接受新知的渠道。但是，不少人就此止步，并没有输出知识（付诸实践），连“向他人传播”的举动都没有。

令人感到不可思议的是，无论何时他们总是言之凿凿：“还没达到那样的水平。”或许他们认为自己的输入（知识）不足，眼下还不能输出（实践），对此我难以认同。

实践出真知，只有勤于实践才能真正有所提高。

我们需要端正认识，肯定实践对于丰富知识的意义。当然，由于见识不足，难免会有感到丢脸、事倍功半的时候。对此，我们更要知道，若能坚持不懈，便可从周围获取新的见解，拓宽眼界和知识面。

不必给两者区分先后，如“先学再做”，而是从全局考虑，“边学边做、边做边学”即可。

处理人际关系也是同理。很多人都抱有类似“先学好待人接物的技巧再说”的想法，逃避与他人的真实交流，然而，只有在实践中打磨技巧，才能迎来更加美好的人生。

与他人保持共情

某公司科长习惯以红笔批阅文件，因此人送外号“红笔科长”。

而且，他的批注格外细致。例如，“句子的主语和谓语隔得太远，看起来费劲”“这里不能用一般的括号，要用双括号”……

此外，如果邮件涉及其他部门的领导，他会要求下属全部打印，然后以红笔批示。下属苦不堪言，纷纷抱怨：“我又不是参加写作课的学生。”

虽然工作勤勉，但是“红笔科长”努力的方式存在问题。

他的本意是“力求文字准确”，只是执念太深，导致下属提心吊胆。

有些资料大致浏览即可，偶有语句错误也无伤大雅。而且，像企划书等应以有吸引力为先，遣词用句不必一板一眼。红笔科长把“文字准确”作为唯一的标准，长此以往便招致下属的反感。

文字准确只是对资料的要求之一，而书写资料只是工作任务之一。假如销售人员埋头钻研文字，却不外出跑业务，这岂不是本末倒置?

即便不能做到文字准确，也并不代表下属不能胜任工作。

如果“红笔科长”有心缓和同事关系、打造良好的团队氛围，需要自我反省：“是我过度强调文字准确了。”

“为什么文字准确很重要?”“还有什么事比文字准确更重要?”……如此一来，思路得以拓宽，“红笔科长”也逐渐能与团队的大多数人保持共情：“从资料的用途和工作的目标出发，不必强求文字准确。”

区分“小问题”和“本质问题”

我在中学时期就有写日记的习惯，只要在书上看到精彩的语句，我都会摘录下来。如今回想，不少金句早已成为我的人生准则。

其中，但丁的名言对我影响颇深：“走自己的路，让别人去说吧！”

每当被人恶语中伤或者横加指责，我总会想起这句话，然后宽慰自己“不必放在心上”，继而重新拾起勇气。

一旦与他人产生矛盾，人们或多或少会陷入忐忑或消沉的状态。

此时需要格外留意，切勿混淆本质问题和小问题。纠结小问题只会让自己精疲力竭，因此对这些大可不必放在心上。

不过，对本质问题可不能等闲视之。既然要认真对待本质问题，就要注意本质问题与小问题的区别。

以“被同事说坏话”为例。无论工作还是生活，若是被素不相识的人评头论足，那只是小问题。就算对方是“大权在握的上司”，假如那是他的“日常习惯”，那就不必大惊小怪。即便每天受批评，终究不至于伤筋动骨，所以算不上本质问题。

再以发生交通事故为例，当务之急是“争分夺秒抢救伤员”。只要性命无忧，“医生是否和蔼可亲”之类的顾虑不值一提。

同理，**在处理工作和人际关系时，只有危及自身前途或命运的问题才是需要集中精力对付的本质问题**。

倘若对别人动怒，或者为困难而犯愁，不妨先问一问自己：这是本质问题，还是小问题？

区分本质问题和小问题有助于内心得到解放，避免自寻烦恼和疲于应付。

从更多人的“常识”去想

《小泉八云集》中有一则题为《常识》的短篇故事，富有教育意义，在此转述如下。

从前，在京都爱宕山的一座小庙中住着一位得道高僧。他终日打坐诵经，心无杂念。

某天，一位猎户上山进香，高僧对他说道：“由于老衲坚持修行，每日诵经礼佛，多有功德，每晚普贤菩萨都会乘着白象光临敝寺。今夜施主也来拜一拜菩萨吧。”

猎户心中怀疑，便向寺内的小和尚求证，得到的回答是“菩萨已经来过六次”。虽然疑虑加深，猎户还是期待奇迹的发生。

到了夜间，只见东方某星光芒一振，继而越来越亮，果真是普贤菩萨乘着白象下凡。

那名高僧与小和尚赶紧拜倒在地，口中念念有词。然而，二人身后的猎户却突然起身，挽弓如满月，一箭射向普贤菩萨，正中胸口。

伴随一阵巨响，白光顿时消失，菩萨也不见踪影，寺院重归宁静。

“大胆狂徒，你这是做什么！”面对高僧声泪俱下的训斥，猎户却毫无反省的意思：“按照你的说法，只有多年修行和礼佛后才能瞻仰菩萨的风采。因此，猎杀动物的我和资历尚浅的小和尚理应无缘得见。刚才在你面前的并非菩萨，而是意图取你性命的妖怪。且等到天明，届时自有证据验证我所言不虚。”

等到天亮，他们发现先前“菩萨”站立的地方隐隐有些血迹。顺着血迹，他们在数百步开外找到了被箭射穿的狐狸尸体。

小泉八云在故事的结尾写道：“高僧虽然博学多才、潜心向佛，却被狐狸蒙蔽。猎户尽管目不识丁、自信不足，但能遵循常识行事，正是这样的本能帮助他看穿幻象、化解危机。”

阿德勒心理学对“常识（Common Sense）”颇为重视。

“长年修行和积德才能见到菩萨”是默认的常识，比较的对象是“自己”与“菩萨”。高僧从自身的角度出发会发现是适用的，但是从更广的角度来看就存在问题：“为什么修行尚浅的小和尚和多有杀生的猎户也看得见菩萨？”

这则故事告诉我们：一叶障目，不见泰山，容易酿成大错。

阿德勒心理学认为，**如果对狭义的常识产生疑问，建议从更广的角度观察，借助更多人的智慧，由此获得更具积极意义的常识（共识）**。

习惯7　保持共情

阿德勒语录

一般来说，工作是否成功取决于对社会的适应程度。理解邻居或客户的需求，见对方所见、听对方所听、想对方所想，对于开展工作极为有利。

《个人心理学讲义》

“若想理解对方，可以穿上他的鞋子走上七天。”在参加学习小组时，恩师佩莱格里诺博士曾提出这样的建议。

当然，是否真正穿上对方的鞋并不重要，从对方的角度感受一周的生活才是关键。

阿德勒认为，共情作为人的重要能力之一，有助于缓和人际关系。

“对你来说情有可原。”假如他人犯错或两人产生矛盾，可以首先试着从对方的角度理解，然后思考对策。

“与他人保持共情”，这便是本章的要点。

从对方的角度考虑

“虎父无犬子”“强将手下无弱兵”“好的演员成就好的导演”……在剖析背后的原因时，许多人会提及“共情”这一因素。

按照阿德勒的定义，**“共情就是见对方所见、听对方所听、想对方所想”**。换言之，“共情”就是“关心对方所关心的”。

即便是虎父和强将，如果脱离“共情”，终究也不能培养出人才。

举例来说，某销售员因为业务突出而被升为领导，首次带领团队。由于过分迷信个人能力的作用，他越来越不敢把工作假手于他人。就在这时，一名新人加入团队。

新人初入职场，自然认真努力。但是，那位上司怎么看他都不顺眼，三番五次地数落他。

于是，并没犯什么大错的新人逐渐感到不安：“我确实想好好干，可为什么领导总是喋喋不休？是我的工作方式有问题吗？”

其实不难理解，上司是以“业务精英”的角度审视下属。不过，他当初也是从新人起步，初次拜访客户时小心翼翼递上名片、编写资料时不得要领等手忙脚乱的经历也不少。

然而，他完全忘了新人时期的经历和感受，以当前自身的角度苛求对方，导致彼此都不愉快。

共情对人际交往至关重要，不善于与他人打交道往往是因为不能从对方的角度考虑。

未能考虑对方的实际情况，完全从自身的关注点出发，把自己的要求强加于人，甚至还有人把对方的抵触视为缺乏端正的态度。

总之，如果为职场人际关系所苦，请试着回想阿德勒的话："见对方所见、听对方所听、想对方所想。"

交换“眼镜”

为了提升共情能力，我建议读者朋友按照阿德勒心理学基础④“认知论”训练自己。

认知论强调“人人都有独特的看法和想法”，即以自身的“眼镜”（认知）观察世界。所以，共情的培养离不开交换“眼镜”，具体做法如下。

1. 了解“眼镜”的差异——思考双方对“同一事物”的见解有何不同。

2. 试着戴上对方的“眼镜”——了解对方的看法和想法，然后重新审视“同一事物”。

以拓展客户为例，A认为“身为销售员理应积极联络客户”“经常见面有助于增进关系”，但是B对此不以为然。戴上B的“眼镜”来看，“销售员各显神通，不必勉强自己”“发邮件和打电话也能加强交流，若能把奔波的时间用于分析客户、提出更好的方案，减少见面也未尝不可”。

为了与B好好合作，A需要戴上B的“眼镜”重新审视。拓展客户以“不必勉强自己”为前提，寻求“除见面之外的有效方法”。

“戴上他人的‘眼镜’”有助于建立共情，这对于构建良好的人际关系来说至关重要。

合作

在前言部分我曾提过阿德勒眼中的人生三件大事，按照由易到难排列，分别是“工作任务”“交友任务”和“爱的任务”。

关于最难的“爱”，我不禁想起一则趣闻。

在《如何才能幸福·下篇》一书中，阿德勒的得意门生W.B.沃尔夫提到德国图林根州的独特风俗。

为了引导即将步入婚姻的情侣和睦相处，朋友们将二人带入林中一棵倒下的大树旁并递给他们锯子，要求“合力把树锯开”。情侣需要密切配合，彼此锯树的速度、力度都要恰到好处。在磨合的过程中，双方共同准确把握时机和力度，如此才能顺利把树锯断。

二人婚后生活会怎样，从配合锯树过程中的默契程度可见端倪。

婚姻是出生背景、履历、思维截然不同的两个人走到一起。彼此对事物的见解未必一致，甚至三观都有可能不同。

一时的任性妄为或许可以忍耐，但这样的状态难以维持长久。婚姻幸福的秘诀在于彼此抱有共情，相互扶持、相互配合。

“婚姻意味着想对方所想，需要具备把自己置身于对方立场的能力。”阿德勒的这句名言直指共情的重点。

不仅对“爱”需要共情，对“工作”和“交友”来说同样适用。

在职场中具备合作精神的员工，工作起来也是驾轻就熟。

倘若有心与同事、朋友加深共情，积极与他人配合、从小事做起或许是不错的选择。

习惯8　鼓起勇气

阿德勒语录

从心理学的角度来看，在面对人生的难题时，人们都有着足够的能量和勇气。

《个人心理学讲义》

勇气是克服困难的动力，或者说能量。

勇气从心底迸发，而且提供给他人，也即“鼓励”。

我认为，这是阿德勒心理学最后也是最关键的要点。

无论面对怎样的困难，都要鼓起勇气克服。而且，勇气源于自身，还可以给予他人。

本章旨在讲解勇气。无论是“自己鼓起勇气”，还是“给他人打气”，总之勇气不可或缺。

坚信“可以克服困难”

与他人闹僵、工作出状况、屡战屡败……各人的烦恼和问题不尽相同，但是，**勇气始终是跨越难关的关键**。

困难时期正是呼唤勇气的重要时刻。缺乏勇气的人习惯回避问题，或者干脆主动逃避。而且一旦遭遇失败，或是不愿承担责任，或是一蹶不振。

与之相对，真正的勇士敢于直面问题，努力克服苦难。即便不能成功，也不会畏葸不前，他们会主动揽下责任，从中吸取经验教训。

对于积极进取的人生来说，勇气必不可少。

谈及儿童人格教育时，阿德勒写道：“个体心理学（即阿德勒心理学）有助于让孩子们更有勇气和信心，教导他们不再畏惧困难，而且敢于挑战、攻克难关。通过对精神层面的合理刺激，所有孩子都可以激发潜能……”

提到勇气，我不禁想起已故指挥家岩城宏之。

在2005年12月31日夜晚的跨年演出中，岩城指挥乐队演奏贝多芬的9部交响曲的全部乐章。包括休息时间在内，累计长达9小时。

除了中途休息1小时外，其他只有每首交响曲之间15—20分钟的间歇。岩城始终站立，指挥从容不迫。

其实，在此之前，岩城先后接受了20余次手术。就在本次演出的五六个月前，他刚做过肺癌手术，闭门休养长达1个半月。

因此，每到休息时间，便有医生上前检查他的身体状况。而且，据说他还需要吸氧，可以说是凭着信念在指挥。

无惧老迈和患病的困难，保持昂扬向上的姿态，他的这股精神令我感动，至今难忘。

毫无疑问，岩城就是坚信任何困难都可以克服的真正勇士。

帮助他人获得勇气

锐意进取的人生离不开克服困难的勇气。不过，虽然如岩城这般不屈的斗士为数不少，但迟迟不能鼓起勇气的也大有人在。

在身心俱疲的时候，如果连勇气也丢失，那就更加难受了。

人在心力交瘁之时容易消极处世，担心不能克服困难。此时，如果身边有人打气，或许就可以获得克服困难的能量。

所谓打气，就是帮助对方更加相信自己。

信任对方、善于发现对方优点的人就是赋予他人勇气的人。

假如双方关系融洽，为对方打气也是水到渠成。既然相互信任，自然容易找到彼此的闪光点。因此，相互信任、相互尊重有助于建立良好关系、彼此打气。

相信对方、发现对方的优点，这是帮助他人获得勇气的重要前提。

每天给3个人打气

我们可以尝试每天至少给3个人打气。

例如，早晨起床后大声对妻子说“早上好”，在共进早餐之前先夸一句：“今天的早饭好丰盛呀！”上班路上买咖啡、在店员说完“感谢光临”之后，不妨回一句：“感谢你一直以来的热情招待。”到了公司，对邻座的同事赞一声：“你总是来得很早嘛！”看到内向但细心的下属仔细推进工作，切勿吝啬自己的赞许，夸奖一句：“工作细致入微，真是太谢谢啦！”面对工作有些马虎但笑容不停、干劲十足的同事，也要予以肯定：“总是带着笑容，让人心安。”

在每天的工作和生活中，给他人打气的机会实在数不胜数。

也许起初会有些抗拒，但是，若能坚持每天至少给3个人打气，久而久之也会形成习惯。

养成日常打气的习惯至关重要。如果把这股风气带入职场，就会有越来越多的同事变得开朗起来，打气也更为容易。

在佩莱格里诺博士看来，打气就像滚雪球：“信任为勇气注入能量，勇气可以带来希望，希望催生信念，信念激励行动。”

最初只是一片雪花，随着不断滚动，把周围的人都卷入其中，最后成为巨大的雪球。

打气的效果起初或许并不起眼，然而只要持之以恒，周围的人也会纷纷效仿、积极鼓励，整个职场氛围就会焕然一新。

总之，从小处着眼，就从每天给3个人打气做起。

尽早、尽可能多地信任对方

“我那么相信你，你却背叛我！”A常常与B交流工作心得，发现B为工作烦恼时也会积极施以援手。但是，某日，A看到B向上司递交的报告中有不少自己的见解，却被B说成是他的想法。于是，愤愤不平的A找B理论，得到的回答是“我和你本就想得一样”，此时该怎么处理？

A信任B不假，感到被背叛也是由于之前互相信任。因此，对A的分析需要基于其对B深信不疑的前提。既然视为被背叛，A的愤怒也合乎情理。

但是，接下来的关键是要相信B所说的“本就想得一样”。这点或许不易做到，甚至有些人根本不相信事实会是如此。

不过，假使是自己的见解真的被剽窃了，A可以先向B直言自身的不快，之后也可以重新与B建立信任。

阿德勒心理学认为，在为对方打气时，有两点至关重要。

① 尽早尊敬、信任对方

② 尽可能多地尊敬、信任对方

“相互尊敬、相互信任”是打气的关键，具体表现为以上两点。

A需要尽早、尽可能多地信任对方，我们也是如此。在为他人而感到烦恼或愤怒时，**首先试着早些相信对方，尽可能多给一些信任**。

对打气来说，这样的心态不可或缺，也是关键所在。

区分自己的问题和对方的问题

“最近许多事进展不顺，感觉这份工作还是不适合我。所以，我想辞职……”面对下属的这番表态，身为上司的你会怎么处理？

想必首先是仔细询问“为什么进展不顺”，同时请求下属理解上司的难处。

不过，这是从上司的角度考虑。下属也许不为所动，甚至更加消极。在下属重申“不适合、想辞职”之后，有些上司也会烦躁起来：“为什么听不进我的话？”

“按我说的做！”**习惯强势待人的人需要留意两个问题：“最终感到烦恼的人是谁”“真正面对问题的当事人是谁”**。

因为工作不顺而选择辞职，最终感到烦恼的人和面对问题的当事人都是下属自己。这不属于上司插手的范围，因此切忌把自己的问题与他人的问题混为一谈。

面对有心辞职的下属，提出建议才是上司的分内之事。但是，是否听取、作出多少改变，这依然是下属的选择。

如果不能区分对待，上司容易陷入焦虑，或者未能考虑对方的感受，从而苛求下属。

“即便把马带到河边，它也未必喝水。”正如俗语所说，是否喝水是马的自由，非人力可以强求。因此，区分自己的问题和对方的问题至关重要。

“改变的勇气”和“接受的勇气”

自从迈入知天命的年纪以来，参加他人婚礼的机会就越来越少，生离死别倒是经历得越来越多。健康大不如前，还得不时面对亲友乃至至亲的离世，我也不由心生人间实苦、时不我与的感慨。

生老病死是无法更改的现实，如何面对老迈多病乃至最终的死亡，每个人都有自己的回答。

即便现实无法改变，我们依然可以不失接受的勇气。

另一方面，除去这些自然规律，人生也有许多事可以改变。此时，我们需要改变的勇气。

年轻时我们往往冲动，以为一切皆能改变。及至老年，又容易暮气沉沉，即使是可以改变的事情也不想再为之付诸努力。

“试图改变不可更改的现实”“可以改变的事情不愿再试”，在这两个极端心态的拉扯之下，心力交瘁也就成为人生的主旋律。

我始终认为勇气是克服困难的能量源泉，其中包括为可能的改变进行尝试的勇气和接受现实不能改变的勇气。

如何激发这两类勇气？我不禁想起神学家雷茵霍尔德·尼布尔（Reinhold Niebuhr）的名言：“上帝，请赐予我平静，让我去接受无法改变的；请赐予我勇气，让我去改变可以改变的；请赐予我智慧，让我可以分辨这两者的不同。”

后记

感谢您看到最后，不知您有何感想？

身为作者，我把本书的主题归纳为以下三点。

第一，好好把握日常生活，养成良好习惯。

第二，人最大的依靠只能是自己，因此要多鼓励自己。

第三，积极为他人打气。

本书介绍的阿德勒心理学适用于日常生活。起初实践起来或许有些别扭，习惯之后便可运用自如。“真理唯有在实践中才能发挥最大价值”，这也是阿德勒心理学的终极目标。

关于第一点，不必大费周章，只需掌握8个习惯即可。

第二点是强调自我激励。人最终只能依靠自己，只有自信才能真正自强。

而且，如果自己都不能接受自己，对他人也会轻易否定。基于这点，本书的前半部分讲解接受“真实的自己”（习惯1）、了解自己（习惯2）、把失败和缺点转化为财富（习惯3）、善于面对负面情绪（习惯4）。

第三点是表达希望。除了自我激励，但愿也能有利于他人。因此，本书的后半部分侧重思考要具有“建设性”（习惯5）、从大局着眼（习惯6）、保持共情（习惯7）、鼓起勇气（习惯8）。

希望读者朋友不仅自身可以养成良好习惯，还能积极为他人鼓励加油。

本书得以问世，需要特别感谢朝日新闻出版社编辑部的大田原惠美女士。从企划、编辑直到出版，大田原女士亲自把关，多有指点。可以说，如果没有大田原女士的关心，就没有本书的出版，在此深表谢意。

其次，我想向曾接待过的所有学生和客户道谢。正是你们帮助我成长，最终写出本书。书中所写基于学生、客户以及我本人的经历，实用性皆得到验证。

最后，感谢您坚持看完本书，希望掌握8个良好习惯的朋友能越来越多。

岩井俊宪

图书在版编目（CIP）数据

阿德勒的生活法则 ：开启“无压”人生 /（日）岩井俊宪著 ；孙律译. — 杭州 ：浙江人民出版社，2023.1

ISBN 978-7-213-10808-2

Ⅰ. ①阿… Ⅱ. ①岩… ②孙… Ⅲ. ①阿德勒(Adler, Alfred 1870-1937)-心理学-通俗读物 Ⅳ. ①B848-49

中国版本图书馆CIP数据核字(2022)第191505号

浙江省版权局
著作权合同登记章
图字:11-2020-076号

Hatarakuhito No Tameno Adler Shinrigaku ‘Moutsukaretayo’ nikikuyattsunoshukan

阿德勒的生活法则：开启“无压”人生

[日]岩井俊宪 著　　孙律 译

出版发行：浙江人民出版社（杭州市体育场路347号　邮编　310006）
　　　　　市场部电话：(0571)85061682　85176516
责任编辑：申屠增群
营销编辑：陈雯怡　陈芊如　张紫懿
责任校对：杨　帆
责任印务：幸天骄
封面设计：刘　俊
电脑制版：杭州兴邦电子印务有限公司
印　　刷：杭州钱江彩色印务有限公司
开　　本：787毫米×1092毫米　1/32　　印　　张：4.75
字　　数：76千字　　插　　页：2
版　　次：2023年1月第1版　　印　　次：2023年1月第1次印刷
书　　号：ISBN 978-7-213-10808-2
定　　价：36.00元

如发现印装质量问题，影响阅读，请与市场部联系调换。